AF227207

FRANCE ET ESPAGNE

LES ALLIANCES NÉCESSAIRES

CONFÉRENCE

Faite au boulevard des Capucines

PAR

Charles-Louis BRAILLARD

PARIS

E. DENTU, ÉDITEUR

LIBRAIRE DE LA SOCIÉTÉ DES GENS DE LETTRES

PALAIS-ROYAL, 15, 17 et 19, GALERIE D'ORLÉANS.

1881

FRANCE ET ESPAGNE

LES ALLIANCES NÉCESSAIRES

FRANCE ET ESPAGNE

LES ALLIANCES NÉCESSAIRES

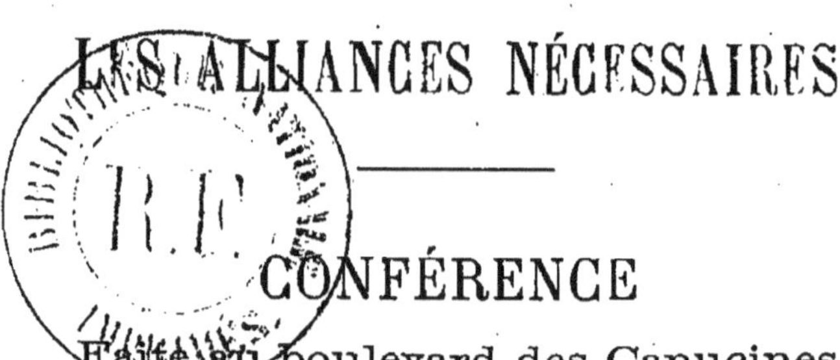

——

CONFÉRENCE

Faite au boulevard des Capucines

PAR

Charles-Louis BRAILLARD

PARIS

E. DENTU, ÉDITEUR

LIBRAIRE DE LA SOCIÉTÉ DES GENS DE LETTRES

PALAIS-ROYAL, 15, 17 et 19, GALERIE D'ORLÉANS.

1881

FRANCE ET ESPAGNE

LES ALLIANCES NÉCESSAIRES

Mesdames, Messieurs,

L'Europe en ce moment est dans un état de malaise général dont les causes sont faciles à constater.

Tous les peuples de notre. vieux continent semblent s'agiter pour asseoir sur de nouvelles bases leur prospérité industrielle, commerciale et financière. Les idées modernes d'égalité sociále et politique ont creusé un moule nouveau, dans lequel bon gré mal gré le passé doit venir se transformer; les découvertes de la science, l'augmentation de l'activité individuelle, l'instruction plus répandue, le sol plus divisé, le bien-être plus général, l'électricité et la vapeur abrégeant les distances, les fluctuations de la fortune publique changeant le pauvre de la veille en millionnaire du lendemain, sont autant de causes économiques qui jouent aujourd'hui un rôle important dans la politique des nations, et dont il faut tenir compte si l'on veut avoir la clef de toutes ces commotions sociales, qui à périodes fixes, depuis près d'un siècle, bouleversent l'équilibre des nations.

L'Europe ressemble à un convalescent que la fièvre revient périodiquement secouer, qui a conscience de son état, mais qui hésite à employer l'énergique remède qui doit le ramener définitivement à la santé.

La Russie se débat contre les cons
pirations du nihilisme.

L'Angleterre, en dehors des éternel-
les questions orientales, asiatiques, afri-
caines qui ne lui laissent aucun repos,
voit sa tranquillité intérieure menacée
par les dures lois qu'elle fait peser sur
l'Irlande.

Le volcan des lois agraires gronde
également dans son sein, et, avant un
quart de siècle, elle devra compter
avec ses quinze millions d'ouvriers
agricoles, qui cultivent la terre sans
avoir le droit de la posséder.

L'Allemagne nous présente cet
étrange spectacle d'un grand pays
militaire dont la prospérité industrielle et financière diminue chaque
jour, en raison directe de l'accroisse-
ment de sa puissance politique.

Les trois cent mille Allemands qui,

chaque année, émigrent pour ne pas mourir de faim chez eux, en sont la preuve indiscutable.

L'Autriche, annulée dans son expansion germanique, semble s'en consoler en rêvant un nouvel empire sur la rive droite du Danube, qui engloberait toutes les petites nationalités éparses le long du grand fleuve, et aurait comme limites naturelles le Danube, la Méditerranée et la mer Noire.

Constantinople serait alors dans le plan du grand chancelier de Berlin, une ville allemande ; le Danube, de ses sources à son embouchure, un fleuve allemand. Il n'y aurait plus que deux grands pays dans le centre de l'Europe : au nord, l'Allemagne avec le Rhin, la Méditerranée, par Trieste, et le Danube, rive gauche, comme limites.

Au sud, l'Autriche, avec un nom nouveau.

Que de guerres pour réaliser ce rêve ! En attendant, l'Allemagne est obligée de vivre avec deux millions d'hommes sous les armes ; elle se ruine pour se constituer, elle s'épuise pour grandir.

Ce n'est encore qu'un colosse aux pieds d'argile... Sachons faire le silence sur le Rhin, et le colosse, avant dix ans, sera mort d'anémie en face de notre croissante prospérité.

A nos portes, l'Italie, arrivée à l'unité, sans préparation, composée d'éléments hétérogènes, n'ayant ni finances, ni industrie, ni commerce, ni agriculture, ni marine digne de ce nom : il n'y a qu'à rappeler le souvenir de Lissa et de Tégétoff, ni armée sérieuse, malgré la dorure des unifor-

mes et le clinquant des casques : il n'y
a qu'à rappeler Custozza et le prince
Albrecht. L'Italie, qui nous doit d'être
entrée dans le concert européen des
grandes nations ; l'Italie qui ne peut
relever ses finances obérées, est en
train de caresser je ne sais quel rêve
de colonisation africaine, alors qu'elle
ne peut pas se coloniser elle-même.

A entendre tous les *farà da se* de la
presse, l'*Italia irredenta* doit faire la
guerre à la France, lui prendre la
Savoie, Nice, la Corse, pousser jusqu'au Var, *sa limite naturelle*, et nous
ravir Tunis et l'Algérie comme une
indemnité de guerre ; elle doit battre
l'Autriche pour lui reprendre Trieste,
et se mesurer avec la Suisse pour lui
arracher le canton du Tessin.

Est-ce triste, est-ce simplement ri-
sible ? nous vous laissons le choix.

Mais un bon conseil, messieurs les Tranche-Montagne de l'*Italia irredenta*, nous ne voulons parler ni de la France ni de l'Autriche,.. Nous vous disons tout simplement : ne vous *frottez* pas à la Suisse.

Heureusement que les politiques qui dirigent les destinées de ce pays, dont le caractère est fait de sagesse et de prudence, n'agissent qu'à coup sûr... A chaque défaite, depuis vingt ans, ils ont gagné une province.

Ainsi, tous les peuples dont nous venons de parler ont un objectif différent. Les vieilles nations, comme l'Angleterre et la Russie, en dehors des plaies interieures que nous avons signalées, se préparent à se rencontrer avant un siècle dans une lutte gigantesque sur les champs de bataille asiatiques.

L'Autriche cherche vaillamment, sagement, politiquement, à faire une évolution nouvelle, qui assoira définitivement son autorité dans les provinces danubiennes.

Et l'Italie, que le moindre souffle couperait à nouveau en cinq ou six tronçons, s'agite dans le vide, s'escrime à pêcher en eau trouble, et, à la remarque de l'aigle germanique, espère bien, tôt ou tard, nous faire payer très cher le sang de nos soldats versé pour elle à Magenta et à Solférino.

Dans cette revue générale, vous remarquerez que j'ai laissé deux nations jusqu'ici dans l'ombre : l'Espagne et la France, et cependant ce sont elles surtout qui doivent nous occuper, puisque cette causerie a pour titre : *France et Espagne.*

J'ai procédé par élimination, et en indiquant les *desiderata*, les rêves, les aspirations, les besoins des autres peuples, j'ai facilité d'autant ma tâche, qui est la réponse à cette question que tout le monde, depuis plusieurs années, se pose en Europe :

Quel est, dans l'état actuel des différents peuples de l'Europe, l'allié naturel de la France ?

Et cette réponse, je n'hésite pas à la faire : l'alliée naturelle de la France, c'est l'Espagne.

Il va sans dire que l'inverse de la proposition est aussi énergiquement vraie, et que l'alliée naturelle de l'Espagnée, est la France.

On a souvent dit, au cours de l'histoire des deux pays : *Il n'y a plus de Pyrénées*, et ceci ne doit pas s'entendre dans le sens de l'oppression d'un des deux par l'autre, mais dans le sens d'une alliance intime, à laquelle nous convie l'origine des deux peuples au point de vue ethnographique, ainsi que des idées, des aspirations et des intérêts identiques à défendre sans qu'ils soient communs.

Des intérêts communs conduisent au choc et à la brouille.

Des intérêts identiques resserrent l'amitié et les alliances.

Ces mots : Il n'y a plus de Pyrénées, indiquent donc simplement qu'il y a identité dans le tempérament, les aspirations, les idées et les intérêts des deux peuples, et de tout temps les esprits politiques ont été frappés de cette vérité. Voyez si on a jamais tenté de dire : Il n'y a plus de Rhin !

Il n'y a plus d'Alpes !

Il n'y a plus de Manche.

On a dit : il faut conquérir le Rhin,

Il faut franchir les Alpes,

Il faut traverser la Manche.

Jamais on n'a dit qu'il fallait supprimer ces frontières, parce que cette suppression n'eût rapproché ni les idées, ni les peuples.

Dans la marche que suivent les autres nations, rien ne peut nous réunir sur le même échiquier, si ce n'est pour y faire naïvement le jeu des autres.

Assez de politique de contemplation, place à la politique pratique.

Pouvons-nous nous battre pour donner Constantinople aux Russes, et à l'aide d'une alliance offensive et défensive établir pour des siècles un nouvel équilibre européen ?....

Il y a vingt ans c'était possible, aujourd'hui c'est trop tard.

Pouvons-nous faire l'alliance allemande ? Pas un homme en France n'oserait la proposer, et puis ce serait aider à augmenter la part du lion. L'alliance autrichienne serait, à l'heure présente, sans utilité, sans consécration pratique..... à moins que... mais ne nous occupons plus de l'Italie.

La seule alliance possible, naturelle, utile, est celle de l'Espagne, je vais vous le démontrer.

. La France, si elle ne veut finir par être la proie de constantes coalitions, doit abandonner tout esprit de conquête en Europe. Il faut en finir avec les rêves de frontières naturelles, et de domination sur le continent, qui ne peuvent nous conduire qu'à heurter l'ambition de nos voisins, et à les réunir contre nous. Nous devons être franchement, résolument une puissance coloniale. Nos dix-huit cents lieues de côtes nous y obligent, notre féconde et constante production nous montre que c'est la seule voie à suivre pour trouver des débouchés nouveaux pour notre industrie et relever notre marine marchande.

Il faut revenir aux projets de Colbert et porter notre expansion au dehors. Il faut nous souvenir que nous avons colonisé le Canada, la Louisiane, une partie des Antilles, Maurice, Bourbon, Mahé, les Seychelles, l'Inde.

Il faut se souvenir qu'avec Dupleix et La Bourdonnais, les Anglais n'avaient plus un pouce de territoire dans l'Indoustan.

Il faut se souvenir que les Anglais nous ont pris successivement toutes nos colonies, en nous jetant sur les bras une coalition Européenne, chaque fois que nous avons voulu reprendre le plan du grand ministre de Louis XIV.

Or, si la France se souvient que les

plus beaux fleurons de la couronne coloniale des Anglais, lui ont été enlevés, à la faveur des guerres continentales suscitées par ces derniers pour nous détourner de notre expansion naturelle... l'Espagne, elle, à son tour ne peut oublier que l'Angleterre occupe Gibraltar.

Si donc, tout nous divise, quand nous songeons à une alliance continentale, dans le Nord, dans l'Est, ou dans le Sud. Tout, au contraire, nous réunit quand nous songeons à une alliance avec l'Espagne.

L'Espagne, elle aussi, ne peut, ne doit être qu'une nation maritime et coloniale, sa configuration géographique l'y engage, son passé l'y oblige ; sa place serait trop restreinte en Europe, sa place doit être immense dans le monde maritime.

Il faut que tous les Français se per-
suadent bien de la vérité de ceci :

Il y a de l'autre côté des Pyrénées, un
peuple généreux et chevaleresque, un
peuple qui a dominé le monde par
sa grandeur, son courage, son esprit
aventureux, un peuple qui a conquis le
nouveau monde et fait trembler l'an-
cien.

Un peuple, dont tout le passé est
grand comme les temps héroïques de
la Grèce, dont l'histoire est merveil-
leuse comme une légende ; un peuple
qui a dans son passé Ferdinand et Isa-
belle, Charles-Quint, le Cid et Chris-
tophe Colomb ; un peuple qui a porté
sur la tête de son roi la couronne de
l'empire d'Allemagne ; un peuple qui
est la plus grande, la plus noble figure
du moyen âge et du seuil des temps
modernes ; un peuple dont toutes les

annales sont la poésie de l'histoire; un peuple qui est notre frère aîné; un peuple qui, malgré nos torts, est resté notre ami!... Eh bien! c'est à ce peuple que nous devons offrir notre alliance, et une fois le pacte scellé et conclu, nous pourrons nous fier à la parole donnée, car le nom d'Espagne est synonyme de loyauté et d'honneur.

Le moment est propice.

L'Espagne possède la Havane, que guettent les Etats-Unis;

Les Philippines, qu'envie l'Allemagne.

Faisons avec elle un pacte de garantie coloniale, et que ce pacte ait dans un avenir peu éloigné comme conclusion suprême :

Gibraltar aux Espagnols. — Après avoir comme tous les peuples modernes, pendant de longues années de révolution, cherché sa véritable voie, l'Espagne est entrée au port avec la monarchie constitutionnelle sous le sceptre d'Alphonse XII. Avec ce prince, jeune, intelligent, libéral, soucieux des grands intérêts de son peuple, confiant dans la fortune et l'avenir de son pays, le vieux et chevaleresque drapeau qui a fait fuir les Maures, et rempli l'Europe du bruit de ses exploits, va de nouveau jouer un grand rôle dans le monde.

Il faut que le drapeau tricolore flotte à côté de lui, et que tous deux, fermement assis, fassent respecter la liberté des mers.

L'Afrique et l'extrême Orient sont deux pays ouverts à leur émulation... le partage sera facile.

On a parlé longtemps des trois peuples de race Latine.

Où sont ces trois peuples? La France des Celtes, des Bretons, des Gaulois, des Francs, des Burgondes, des Arvernes, des Basques, n'est pas un pays latin. L'Espagne des Ibères qui a fait trembler Rome, l'Espagne des Cantabres et des Arabes, n'est pas un pays latin.

Vive l'alliance de la Péninsule Ibérique, et du pays Gaulois. Célébrons l'amitié indissoluble des deux peuples. Et si notre regard se porte de l'autre côté des Alpes... sonnons l'Hallali !

Il n'y a plus de Politique Latine.

Mai 1881.

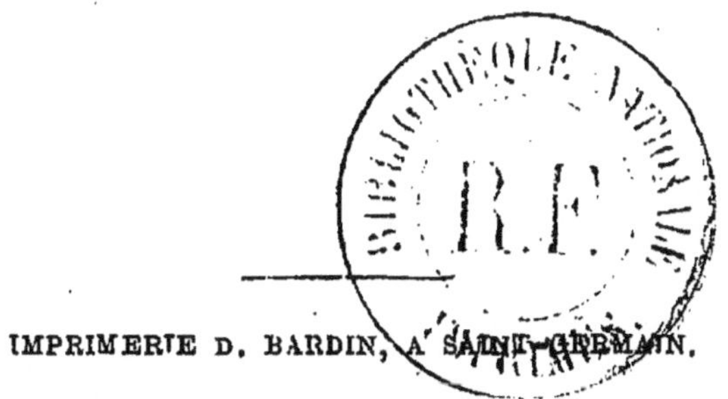

IMPRIMERIE D. BARDIN, A SAINT-GERMAIN.

Imprimerie D. BARDIN, à Saint-Germain.